文学少年作品集

一辆名叫春风的车

《文学少年》编辑部 编

辽宁美术出版社

ⓒ 《文学少年》编辑部　2017

图书在版编目（CIP）数据

一辆名叫春风的车 /《文学少年》编辑部编. — 沈阳：辽宁美术出版社，2017. 12（2018.5 重印）

（《文学少年》作品集）

ISBN 978-7-5314-7228-5

Ⅰ. ①一… Ⅱ. ①少… Ⅲ. ①作文 - 小学 - 选集 Ⅳ. ① H194. 4

中国版本图书馆 CIP 数据核字（2017）第 324530 号

出　版　者：辽宁美术出版社
地　　　址：沈阳市和平区民族北街29号　邮编：110001
发　行　者：辽宁美术出版社
印　刷　者：辽宁新华印务有限公司
开　　　本：880mm×1230mm　1/32
印　　　张：4.5
字　　　数：80千字
出版时间：2017年12月第1版
印刷时间：2018年5月第2次印刷
责任编辑：孙郡阳
特约编辑：梁　策
插画绘制：大　柚
装帧设计：山　水
责任校对：郝　刚
ISBN 978-7-5314-7228-5
定　　价：22.00 元

邮购部电话：024-83833008
E-mail：lnmscbs@163.com
http：//www.lnmscbs.com
图书如有印装质量问题请与出版部联系调换
出版部电话：024-23835227

目录

彩虹的心情

文／陈梦敏

　　"红、橙、黄、绿、青、蓝、紫……您可真会挑！这凑在一起就是彩虹的颜色啊，围上了一定会有彩虹般的心情！"卖围巾的羊奶奶说。

　　"妞妞这两天闷闷的。唉，都怪我前几天把家搬到了泥巴村，害得她一个朋友都没有……"猪爸爸心里想着，赶紧掏钱买下了。接着，他给猪妞妞打了个电话："爸爸要从城里给你带回'彩虹心情'了！"

　　猪爸爸刚走进村口，就被鸡大婶叫住了："卖围巾的，给我一条红围巾。"

　　"不，不，不……是，是，是……"猪爸爸连连摆手。也难怪，他刚搬来，鸡大婶还不认识他，何况，他胳膊上搭着那么多围巾呢！

　　"哦，10元钱啊！我买了！"猪爸爸的口音有点儿怪，鸡大婶以为他说要10元钱。她塞给猪爸爸10元钱，就把红围巾系在了小鸡的脖子上。

"可是，可是……"猪爸爸很为难，但一看到小鸡脸上甜蜜蜜的笑容，他没再吭声了。

"我的围巾就在那边买的！"听鸡大婶这一咋呼，"呼啦"一下，猪爸爸身边围过来好多人！

"我要橙色的！"鹅妈妈说。"我要黄色的！"兔妈妈说。"我要……"

"唉，只剩下蓝色和紫色了，妞妞会不会觉得失望呢？"猪爸爸冲出包围圈后，躲在林子里直喘气。

"蓝围巾！"这时，鼹鼠爸爸从地下钻出来，他眼前一亮，立刻同猪爸爸攀谈起来："这条蓝围巾真漂亮！"

"我家小鼹鼠也喜欢蓝色，可是她没有妈妈，我哪会织围巾啊！"鼹鼠爸爸重重地叹了一口气。

"那……这条蓝围巾就送给你了！"猪爸爸咬咬牙把围巾递了过去。猪爸爸垂头丧气地回到了家："妞妞，我回来了！"

"爸爸！"猪妞妞跑过来，欢喜地接过紫色的围巾，"爸爸，我真是太喜欢了！我去河边照照去！"

隔了一会儿，妞妞兴高采烈地跑回来，"爸爸！我知道你说的给我带回'彩虹心情'是什么了！"猪妞妞的喊声像是裹满了蜜糖，"你瞧，紫围巾让我交了好多新朋友！"

猪爸爸一看，可不是嘛，小鸡、小鹅、小兔、小鼹鼠……全跟着妞妞回来了！红、橙、黄、绿、青、蓝、紫。

来自叶子的拥抱

文／田秀娟

　　这个夏天，蚂蚁小黑黑过得非常爽。别看小黑黑个头儿小，调皮、捣蛋可是天下第一。整整一个夏天，他最大的乐趣就是捉弄树上的叶子们。朝着叶子发射弹弓；爬到叶子身上，把叶子挠得浑身痒痒；甚至有时候还对着叶子"咔嚓咔嚓"咬上几口。叶子们皱起眉头刚要表示抗议，小黑黑就"嗖嗖嗖"地爬到了树

下。他远远地看着叶子，得意地"嘿嘿"笑着说："来追我呀，来追我呀！"叶子们无可奈何，小黑黑可乐翻了天。

秋天就要到了，树上的叶子纷纷变黄。其他小蚂蚁都满心期待着叶子从枝头落下来。大家纷纷议论着："我要用黄叶子做一顶大檐儿帽。""我要用红叶子叠飞机。""我要和落叶捉迷藏"……

只有小黑黑愁上眉头。想到自己对叶子们搞过那么多恶作剧，他开始感到后悔。"我怕，我怕叶子落

下来打我。"小黑黑担心极了。

　　整整一天，小黑黑饭也吃不香，游戏也玩不好，满脑子就担心这一件事。天黑了，又累又饿的小黑黑困得闭上了眼睛。似睡似醒间，他感到一片叶子轻轻落到他身上，给了他一个温柔的拥抱。叶子轻轻盖着他的身子，像一床又暖和又轻巧的棉被。小黑黑身上暖烘烘的，心里热乎乎的。小黑黑继续闭着眼睛一动不动，他的小脸却悄悄变红了。他在心里悄悄地想，等明年绿叶满枝头，他一定要还叶子一个大大的拥抱！

小象的面具

文/连 城

森林里要举行假面舞会啦！大家奔走相告这一好消息。

"我要戴最酷的面具，让我妈都认不出我来！"小野猪兴高采烈地说。

"我要戴最华丽的面具，让人人都以为我是公主！"小松鼠得意扬扬地说。

大家热烈地交谈，只有小象闷闷不乐——他那么长的鼻子，戴什么面具都不好看，什么面具都遮不住他的鼻子。

黑熊爷爷的面具店门口挤满了

前来订购的顾客——在大森林里，黑熊爷爷做面具最拿手！

"好，一个甜饼面具。"

"好，一个知更鸟面具。"

黑熊爷爷拿着本子，不停地记着。

天黑了，顾客们都散去了，黑熊爷爷才发现在门口徘徊的小象。

"小象，你想得到一个什么面具？"黑熊爷爷亲切地问。

"我这么长的鼻子，能戴什么面具呢？就算戴上，他们也会笑话我的。"小象忧伤地说，"算了，到舞会那天，我避开好了。"

黑熊爷爷把小象拉进店里，替他量过尺寸。他说：

"我替你做一个古代骑士的头盔面具吧，下面会有加长的护胸，能遮住鼻子。"

第二天，黑熊爷爷在门口贴出告示："今年的面具，我将在大家定制的式样之外加一点儿创新，至于这创新是什么，暂时保密，到时有惊喜。"

假面舞会前一天，大家来到黑熊爷爷的店铺，把面具取走了。他们发现，在自己要求的样式之外，黑熊爷爷给每个面具下部都做了延长，有绸缎帘幕，有金箔盾牌，有浓密流苏做成的长胡须。

"太棒了！"大家都很喜欢黑熊爷爷的创新。

假面舞会那天，大家在一起唱啊，跳啊。小象也在人群里快活地跳，没人认出他来。

"咦，长鼻子小象呢？以前一眼就能看到他的。"

"大家都戴加长面具，找不着小象了！"

小象听着大家的议论，偷偷地笑了。嗯，黑熊爷爷是创意达人，小象永远爱他。

天空车站

文 / 龚房芳

也许你不知道，蓝蓝的天空其实是个大大的车站。其实你在夜晚抬起头来就会看到，那些候车的星星。星星们有的安静等待，有的早就等不及了，他们会嚷嚷着，好像很不满意地嘟嘟嚷嚷。你说得没错，那些看起来一闪一闪的星星，就是在发牢骚呢。

这是蓝星第一次来到候车室，眼前的景象让他吃惊不小。"天哪，这么多要等车的星星呀，真够乱的。"

蓝星喜欢安静，喜欢大家都整齐地排列，现在这个车站的乱劲儿他可受不了。"我要想个办法，让大家不要乱来。"他看看自己背包里的星儿糖，犹豫了好大一会儿才都拿出来。

"这里有好吃的星儿糖，谁想吃就来排队领啦！"

蓝星举着手里的糖果大声吆喝。星星们哗啦一下全围过来了。

"我要，我要！"

"我也要，我也要！"

"我乖乖排队了，给我糖！"

蓝星乐了："都有，都有，快排成一队吧。"为了吃到星儿糖，星星们都听话地排起队来，现在看起来真够整齐的，蓝星满意地笑了。

可是，大家的糖都吃完了，也没见到月牙班车来，很快，星星们又散开了，有的安静等待，有的又开始聊天了，一闪一闪地。

蓝星摸了摸空空的背包，叹了口气。

"嗨！我是粉星。"一颗又小又亮的星星过来说。蓝星笑了一下，还在想自己的心事。

"你想让所有的星星都来排队，那是不可能的。"粉星是个小姑娘，她说起话来很温柔。蓝星问："这是为什么？你经常在这里等车吗？"

粉星点点头："是的，别看我的个子小，可

我来过这里很多次。大家都会找自己喜欢的地方站着，找自己喜欢的伙伴聊天。"

"哦？难道大家觉得这样很好吗？"蓝星摇摇头，很不愿意这样下去。

"其实，你还不了解大家。现在不冷不热的，大家都这样待着。等到夏天太热，大家会分开一些，才不会热坏。冬天的时候，大家会靠近一些，免得冻坏。"粉星说这些的时候，一直在微笑，蓝星觉得她真美。

"可是大家总是乱嚷嚷，怪烦人的。"蓝星想了想，干脆捂起了耳朵。粉星拿开他的手，笑着说："他们在和我们一样聊天，所有的声音加起来，才显得吵，你习惯了就没关系了。"

蓝星又想了一大会儿，才点点头说："那好吧，我们也边聊边等车吧。"接着他又说："对了，我们认

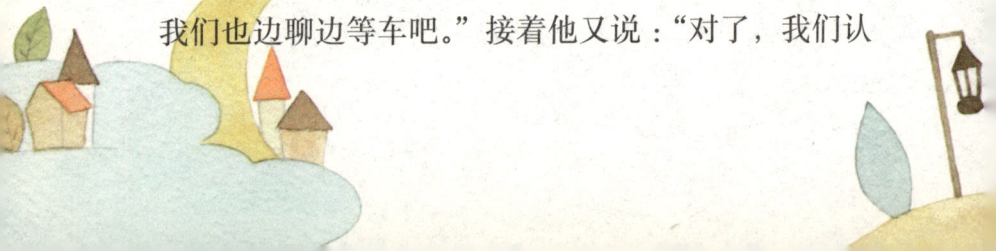

识一下吧，我叫蓝星，车来了我们就坐在一起好吗?
如果你愿意，下次我们结伴旅行怎么样?"

粉星还没回答，蓝星又在说了:"其实，这个车站很可爱，好像也不算太吵呀。"

粉星没说话，只是微笑着点点头。

奔跑的苹果树

文／吕丽娜

　　有一棵小小的苹果树，他非常非常想在田野上自由自在地奔跑一次。

　　但是一棵树想要奔跑可不是件容易的事！

　　除非有哪个小朋友愿意和他暂时交换一下身体。就是说，小朋友变成树，树变成小朋友。

　　"我会耐心等待的，总有一天，我会实现我的愿望。"小小的苹果树对自己说。

　　有一次，一只小野兔急匆匆地从苹果树下走过，苹果树一见，连忙说出他的请求。

　　可是小野兔听不懂苹果树的话。其实也不是听不懂，只是不肯好好听。这只小兔子正在找他丢的一个胡萝卜。他的心里只有他的胡萝卜，根本装不进别的

什么事情了。

　　苹果树有点儿失望，但是没有灰心。他继续耐心地等着。

　　又一次，一对刺猬兄弟从苹果树下走过，苹果树连忙说出他的请求。

　　可苹果树的话才说了一半，刺猬弟弟就跑掉了。

因为苹果树说话实在是太慢太慢了，而刺猬弟弟呢，他可是个有名的急性子。

刺猬哥哥呢，他倒是很耐心地听苹果树说完了他的请求。他考虑了一会儿，摇了摇头。他有点儿不相信苹果树。要是苹果树说话不算数跑掉了，他不是要永远当一棵树了吗？当一棵树可不会像当一只刺猬那么有趣！

苹果树有点儿失望，但是没有灰心。他继续耐心地等着。

终于有一天，来了一只小熊，他的名字叫小熊芒果。苹果树连忙叫住了小熊芒果，说出他的请求。

小熊芒果认真地听完苹果树说的话，然后高高兴兴地和苹果树交换了身体，因为他觉得帮助别人完成心愿是件快乐的事。

变成苹果树的小熊芒果，在田野上晒晒太阳，听听小鸟唱歌。

变成小熊的苹果树，在田野上自由
自在地奔跑……

奔跑……

奔跑……

终于，苹果树跑够了，开心地和小
熊芒果重新换回身体。

他实现了心愿，觉得自己是一棵幸

福的苹果树。

"谢谢你啊，小熊！秋天的时候我会答谢你的！"苹果树说。

过了一阵子，小熊芒果就忘了这件事。因为小朋友们的生活中总是充满了新鲜的事！

不过秋天的时候，小熊芒果的口袋里，每天都会出现一个红红的大苹果！

"怎么回事呀？"伙伴们又惊奇，又羡慕。

"我也不知道呀，也许是我的口袋被仙女施了魔法吧。"小熊芒果笑嘻嘻地回答。

小熊布朗，你带回了什么

文／吕丽娜

傍晚，熊家的小木屋里亮起了暖暖的灯光。

熊妈妈已经摆好餐桌，只等着熊爸爸和三只小熊回来吃饭了。

第一个回到家里的是熊爸爸。他放下公文包，变戏法似的从大礼帽里掏出一朵漂亮的玫瑰花：

"献给我亲爱的好太太。"他一本正经地说。

"谢谢，亲爱的。"熊妈妈微笑着吻了他一下，"坐下来吃晚饭吧。"

"妈妈，我们回来啦！"小熊布奇和小熊布丁走进来，脖子上都挂着闪亮的奖牌。

"我今天得了唱歌第一名！"

"我得了听写第一名！"

他们走上前，让妈妈看他们的奖牌。

"你们都很棒。"熊妈妈微笑着分别吻了他们一下，"坐下来吃晚饭吧。"

布奇和布丁刚坐好，门"砰"的一声打开了，小熊布朗冲进来。布朗还不到上学的年龄，所以一整天都像只小野熊一样在林子里疯跑。

"妈妈，我饿坏啦，饭菜真香！"小熊布朗兴高采烈地嚷着，在餐桌边坐下来。

"布朗，你什么也没带回来吗？"熊爸爸逗他说，"我给妈妈带了玫瑰花，布奇和布丁带回了奖牌。你呢？"

"他带回一个空空的肚子。"布奇笑嘻嘻地说。

"才不是！我给你们带回一大堆好消息！我吃饱

了就告诉你们！"小熊布朗大声宣布。

　　于是晚饭后，小熊一家一边喝着香甜的蜂蜜水，一边听布朗带回来的那一大堆好消息——

　　"今天，我在林子里发现了一丛非常棒的野草莓！那些野草莓再过几天就全熟透了。到时候，我们可以开一个野草莓餐会！

　　"今天，我在林子里找到了前两天丢的蓝色玻璃球。我太高兴了，因为那是我特别喜欢的一颗玻璃球，我还以为再也见不到它了呢。

　　"今天，鸭妈妈的 19 个宝贝蛋全都破壳了！那些小鸭子黄绒绒的，好可爱呀。鸭爸爸高兴得晕头转向，一连跌了好几个大跟头！

　　"今天，金龟子先生向他心爱的金龟子姑娘求婚

了！金龟子姑娘答应了。他们决定在月亮最圆的那个晚上举行婚礼！

"今天，我种在空地里的向日葵发芽了！用不了多久，那片空地就会变成一片金灿灿的向日葵花田啦！

"今天，我躺在林间空地上休息的时候，有一只金色的蝴蝶落在我的肩膀上，待了足有 30 秒钟。我高兴得不得了，谁都知道，金色蝴蝶代表好运呀！

"今天，我走过灌木丛的时候，看见一只小老鼠被一只大猫追赶。小老鼠非常灵活，他幸运地逃掉了，我真是太为他高兴了。

"今天，我在林子里遇见了一个人类小姑娘。她非常非常友好，还把她的跳绳借给我玩了好一会儿呢。我真喜欢她。"

一天就有这么多的好消息，全家人一致认为，生活真是太美好了，太值得庆祝了。

于是，熊妈妈重新在大家的杯子里加满蜂蜜水，全家人一起举杯，庆祝这有一大堆好消息的、无比美好的一天。

春天的样子

文／吕丽娜

春天快要来了，可天气还很冷。森林小学的小朋友们围着大象老师坐成一圈听故事。

"老师，天气这么冷，讲个暖乎乎的故事吧。"小朋友们请求道。

"可以呀，"大象老师笑眯眯地说，"从前有一个金灿灿的烤面包……"

就在这时，小兔子突然指着窗外惊奇地叫起来："看哪，看哪！"

所有的小朋友都把头转向了窗外，大象老师也停下来，把头转向了窗外。原来一朵蓝色的、闪亮的小花，正静静地从窗子外面飞过……

"快点儿跟上去啊，那可不是普通的小花，是

风的邀请信啊，要是错过了就太可惜了……"

大象老师还没说完呢，小朋友们早就等不及地冲出了教室。

神奇的小花飞呀飞，飞过草地，飞过树林，飞过小木桥，它越飞越快，跟在它后面的小朋友也越跑越快。奇怪的是谁也不觉得累，就好像有大风在吹着他们前进一样。

最后，神奇的小花终于停了下来，小朋友们发现自己站在一片奇特的原野上。原野是白色的，又大又平坦，很像一块大大的画板。而且在这块大画板上，还这里那里地散落着一些很大的彩色画笔。

"欢迎来到风的原野，"一个声音"呼呼"地说，"在这里画出你心中春天的样子吧，这个春天会按照你们的心愿诞生！"

看不见说话人的影子，但小朋友们都知道，这是风。

在风的原野上画春天，这是件多么棒的事情啊。

小鸭子画了解冻的小河。

小鹅画了五颜六色的小野花。

小兔子画了青青的草地。

小猪画了翩翩飞舞的彩色蝴蝶。

小猫画了爸爸从远方回家来。在小猫心里，春天不仅仅要有美丽的风景，还要一家人相亲相爱在一起。

小狸画了笑眯眯的，看上去很健康很开心的奶奶。小狸的奶奶整个冬天都躺在病床上，小狸的春天就在奶奶的笑脸里。

到最后，整片风的原野变成了一幅大大的、美丽的春天图画。小家伙们全都累坏了，倒在风的原野上呼呼地睡着了。

奇怪的是，他们都是在学校的午睡床上醒来的。那么，之前他们是真的到过风的原野，还是只做了一场梦？如果那些都是真的，是风把他们一个一个送回床上的吗？小家伙们叽叽喳喳地去问大象老师，可大象老师却笑嘻嘻地不肯回答。

不过第二天，他们就知道了，那美丽的一切是真的发生过的，因为，一夜之间，春天已经来了，和他们在风的原野上画的春天一模一样：

小河解冻了。

青青的草地上，开着五颜六色的小野花，蝴蝶们在温暖的空气中快乐地飞舞着……

　　小猫收到了爸爸写来的信，猫爸爸已经在回家的路上了。

　　小狸的奶奶从床上坐了起来，脸色看上去健康多了。

　　这个春天，真的依照小家伙们的心愿诞生了……

在你的梦里种棵树

文／孙丽萍

"我想要 100 条公主裙。"扎小辫的女孩说。

"我希望浴缸像大海一样大。"爱游泳的男孩说。

"我想要吃很多的棒棒糖。"舔着手指的女孩说。

"我希望旋转木马一直跑一直跑。"满头大汗的男孩说。

梦精灵坐在夜晚的屋顶上，翻看着一颗颗星星般闪烁的心愿。这些孩子们的心愿，有对妈妈说的，有对好朋友说的，有小声嘀咕的，也有冲着天空大声嚷嚷的……总之，你得说出来。这样，梦精灵就可以帮你实现愿望。所以，对那些把愿望沉默地藏在心里的大人们，梦精灵可无能为力。

当然，所有的愿望都是在梦里实现的。

到了晚上，全世界渐渐安静下来的时候，梦精灵就乘着夜的黑毯，在五颜六色的梦境里穿行。她在孩子们的梦里种下一颗颗梦的种子，裙子的梦，浴缸的梦，棒棒糖的梦，旋转木马的梦……然后，她就安静地裹着黑毯，微笑地看着所有的梦一一发芽开花。

扎小辫的女孩在梦里见到了 101 条公主裙，哦，这是因为梦精灵的算术有点儿不太好。当女孩转过身去，还看见一面又大又亮的镜子，她看见镜中的自己，就和童话故事里的公主一模一样。

爱游泳的男孩梦见自己家里的浴缸真的变成了大海那么大，蓝汪汪的一片，踮起脚尖也望不到边。正当他感到有点儿孤单的时候，几条可爱的小海豚轻快地游了过来，他们一起开心地游到东来游到西。

舔手指的女孩梦见自己的桌子上、抽屉中、枕头下，还有自己的口袋里都是棒棒糖，各种形状，各种颜色，各种口味，她在梦中咯咯地笑出了声。

那个满头大汗的男孩呢，梦见自己骑的旋转木马一直跑一直跑，还跑出了儿童乐园，跑到了风吹草低的大草原上，变成了真正的骏马。男孩一边骑着马飞

奔，一边大声地唱起了歌。

梦精灵心满意足地看着孩子们的梦境。

这时候，她忽然发现，一个短发小女孩在睡梦中流下了眼泪。这是怎么回事呢？

梦精灵想起来，她已经好多天没有收集到这个女孩的愿望了。她总是低着头走路，谁也不搭理，就像个满腹心事的小大人。

梦精灵寻思着，张开透明的翅膀在女孩的房间里无声地飞翔。这时，她看见书桌上有一张被晚风轻轻掀起一角的信纸。

呀，上面画了一棵郁郁葱葱的桂花树，树上开满了星星点点的小花，仿佛还散发出淡淡的芬芳。

桂花树的下面，还有一行端端正正的小字："送给天国的奶奶。"

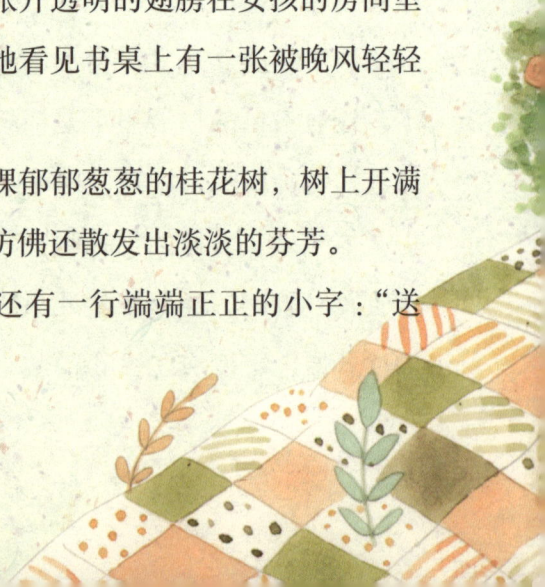

梦精灵明白了一切。

可是，她还只是个小小的梦精灵。她播撒的梦的种子里，可没有奶奶哟！

梦精灵犯愁的时候就喜欢飞翔，她盘旋了整整三圈，又落到了画着桂花树的信纸上。

桂花树？在女孩的梦里种一棵奶奶喜欢的桂花树吧！

梦精灵以最轻柔的手势撒下这颗梦的种子。

然后，正如她期待的那样，她看见女孩的梦里长出一棵灿烂的桂花树。桂花树下，缓缓走来了女孩亲爱的奶奶。

女孩挂着泪珠的脸上，露出了甜甜的笑容。

后来，这棵桂花树就一直长在女孩的梦里。树下走来的，有时候是奶奶，有时候是月亮里的兔子，有时候是赏花的诗人……总之，一切都是那么的美好。

米加农场的蛋蛋兵团

文／陈琪敬

在米加农场，谁都知道大母鸡卡罗拉。因为呀，卡罗拉最能生蛋了，她生的蛋又大又多，简直能铺满整个农场。

生蛋对于农场来说是好事，而对于狐狸拉布来说也是好事——可以有永远吃不完的蛋。拉布偷鸡蛋的方法很特别，总是爱用一枚小镜子对着太阳晃动，这样就会晃得卡罗拉睁不开眼睛，他就趁这个机会每天偷几枚蛋回家吃。

"这样下去，我们还怎么长成小鸡？"农场里的蛋蛋们担心地说，"我们组成一支蛋蛋兵团吧，自己来保卫自己！"这时，一枚特别大的红皮鸡蛋掐着小腰说。

"兵团？我们怎么能打仗呢？不小心碰到自己人都会碎的！"一枚白皮鸡蛋摸着自己薄薄的身体说。"我们可以这样！"红皮鸡蛋滚呀滚呀，滚到大家身边说起了悄悄话。

　　第二天，母鸡卡罗拉请来了化妆师蓝鸭子和雕刻家卡姆熊。"我要开一个特别的舞会，请您帮我的孩子们化装吧，要这样画……"卡罗拉小声地和化妆师蓝鸭子说出自己的想法。"卡姆熊，好！您能帮我雕

刻一个……"卡罗拉对着卡姆熊小声说起想要他帮忙做的事。

这一天，狐狸拉布又来偷鸡蛋了。"鸡蛋溜溜圆，快快滚到篮子里来！"拉布边说边掏出小镜子对着卡罗拉晃了晃。

"啊，狐狸来了！"卡罗拉闭着眼睛，在农场里叫喊着乱跑。"这个办法真好！"狐狸拉布得意地收起小镜子，赶紧跑进农场捡鸡蛋。

咦？真奇怪！农场里除了刚才卡罗拉趴的地方有一个很大很大的大鸡蛋，其他鸡蛋都不见了。"好吧，就这个吧！"拉布抱起鸡蛋装进篮子。

可是，这个蛋太重太重了，竟然打破了篮子，直接砸在拉布的脚上，"哎哟——"痛得他直跳脚。

篮子破了，拉布只好抱着鸡蛋往家走。

看不见路，"砰！"撞树上了；看不见脚下的坑，"砰！"掉坑里了；看不见下坡，"骨碌碌"滚下去了……

拉布好不容易把鸡蛋弄回家，扔进锅子里。噢，天哪，竟然把锅子砸破了。"哎呀，烫死我了！"热水溅了拉布满身，把身上的毛毛都烫掉了。

再说，农场里现在好热闹。

"孩子们，都出来吧！"随着卡罗拉的喊声：稻草里动了，滚出来一堆和稻草一样颜色的鸡蛋；墙根动了，滚出来一堆和泥巴一样颜色的鸡蛋……原来蛋蛋们让蓝鸭子化妆师把自己都化装成和周围景物一样的颜色。而更有趣的是，被拉布抱走的那个鸡蛋，哈哈，竟然是卡姆熊雕刻出来的石头大鸡蛋！

小女孩的歌

文／吕丽娜

一大早，乌拉山顶的小妖怪们吃过他们的妖怪早餐，立刻就拿出他们的水晶球看起来。

那个水晶球是他们的宝贝，能告诉他们附近有什么有趣的事情发生。

小妖怪们从水晶球里看到，山下的树林里来了一个采蘑菇的小女孩。小女孩一边采蘑菇，一边唱着歌。

小妖怪们的眼睛立刻就亮了。他们都想起了那个传说：如果有哪个人类小女孩愿意为一个小妖怪唱首歌，那么这个小妖怪就会成为幸运小妖怪，走到哪里都会有好运气。

小妖怪们决定各自施展本领，看看谁有本事成为一个幸运的小妖怪。

小妖怪丁克飞快地挖了一个妖怪陷阱。妖怪陷阱可不是普通的陷阱，它想让谁掉进来，谁就一定会掉进来。

　　果然，小女孩很快就掉进了丁克的陷阱里。

　　"哈哈，成功啦！"丁克得意地拍着手，"除非她愿意为我唱首歌，不然就得留在下面！"

　　但是丁克高兴得太早啦。陷阱里的小女孩不慌不忙地吹了一声口哨。

　　很快，一大群小动物出现了，有野兔，有刺猬，有獾，有狐狸……他们都是小女孩的朋友。

　　小动物们弄来长长的藤蔓，齐心协力把小女孩从陷阱里拉了上来！

　　小妖怪皮克做了个妖怪捕虫网。

妖怪捕虫网可不是普通的捕虫网，它什么都捉得住，就连飘来飘去的云彩也捉得住，更别提什么小女孩了！

果然，小女孩很快就落网了。

小女孩还是不慌不忙地吹了一声口哨，一大群鸟儿就从半空中落了下来！这些鸟儿也全都是小女孩的朋友。

鸟儿用他们硬硬的鸟嘴啄呀，啄呀，眨眼间就把小女孩救了出来！

轮到小妖怪比克出马了。

比克只花了10秒钟，就偷走了小女孩的帽子，把它挂在了最高的树枝上。

Hi !

可是忽然刮起一阵小风，把小女孩的帽子从树枝上吹下来。

看吧，就连风都是小女孩的朋友！

比克赶紧又施个魔法，让帽子掉进了小河里。

但是小河马上掀起波浪，把帽子又推上了岸。

简直让人不敢相信，就连河水也是小女孩的朋友！

最后只剩下小妖怪迪克还没施展自己的妖怪把戏了。

迪克向小树林走去时心里很紧张。他还没想好要怎么干呢。在小妖怪们眼里，他是最笨的一个。

怎么办才好呢？迪克正想得出神，耳边响起一个甜甜的声音：

"你好，小妖怪！"

迪克抬头一看，那个小女孩正笑盈盈地望着他："你愿意和我一起采蘑菇吗？"

"采……采蘑菇……好的。"小妖怪迪克结结巴巴地回答。

小妖怪迪克很开心地和小女孩一起采起蘑菇来，

把他来这里的目的忘得干干净净。

在乌拉山顶上，皮克、比克和丁克围在水晶球边，看着迪克和小女孩一起采蘑菇。

他们觉得迪克真是太笨了。他竟然什么妖怪把戏都不做！

可是，他们忽然听见，水晶球里的小女孩又轻轻唱起歌来，唱得好听极了。

然后，他们听见小女孩说："这首歌是特别为你唱的哦，小妖怪，谢谢你帮我采到这么多又大又鲜美的蘑菇。"

橘子姑娘的夏天

文／兰梦醒

大雨"哗啦哗啦"地下着，屋檐滴答滴答的滴水声叫醒了午睡的橘子姑娘。

"今天可是个好天气哦！"橘子姑娘望了望窗外，对床头的兔子玩偶说，"这样的天气，适合睡觉，适合关起门来读一本有趣的书，还适合什么也不干，懒洋洋地听着窗外的雨声发呆。"

橘子姑娘伸了个懒腰，起床了。

橘子姑娘打开门，把一盆柜子上的天竺葵搬到了院子里。

"喝吧，喝吧！多喝点儿雨水，再开得漂亮一点儿！"橘子姑娘对天竺葵说。

橘子姑娘坐到了窗前，给自己切了两片面包，倒了一杯葡萄酒。

　　这是八月的第二天，夏天的脚步似乎总是很匆忙。初夏时采摘下来的葡萄，刚刚酿成了香醇的葡萄酒，夏天就只剩下一个小尾巴了。

　　时光的流逝没有带给橘子姑娘太多的感伤，因为一整个夏天的美好，她都用心感受了，并没有错过什么。

　　橘子姑娘咬了一口松软的面包，喝了一口甜美的葡萄酒。

　　夏天美好的记忆，开始在她的脑海里浮现出来。

　　满山的草绿油油、软绵绵的时候，她曾和一头毛茸茸的小熊，一起在山坡上打滚儿，躺在草甸上看大团大团的云朵，变幻出各种美妙的形状。

　　大片的野花盛开的时候，她曾和一头犄角漂亮的小鹿，一起去采了很多野花，回来装饰自己的家。她还晒了很多干花，做成了花茶、香袋和枕头。

　　红彤彤的浆果汁液饱满的时候，她曾和一只刺猬一起在灌木丛里摘浆果。摘回来的浆果做了好多酸酸甜甜的果酱，到现在还没有吃完。

　　大雨滂沱的一天，她曾和一只小黄鸭，一起躲在伞

盖一样的荷叶下，一边避雨，一边分吃清甜的莲子。

夏天里，所有美好的记忆，都被橘子姑娘酿到这桶葡萄酒里了。所以，当她想念这个夏天的时候，只要喝一小杯葡萄酒，幸福的笑容就会溢满她的酒窝。

可是这么美妙的夏天，也有一点点的遗憾呢，因为这样的记忆没有人和橘子姑娘分享。

毛茸茸的小熊、犄角漂亮的小鹿、圆滚滚的小刺猬、活泼可爱的小黄鸭，这些一起度过美好时光的朋友们，此时此刻，都在哪里呢？

橘子姑娘真想念他们呀！如果能和他们一起，坐在凉爽的屋子里，一边喝酒一边开心地聊聊天，那该多美妙呢？

　　这么想想，橘子姑娘决定给他们每人发一封邀请函。

　　"用什么来写信呢？让谁帮忙去送信呢？"大雨还在下着，好奇的雨点噼噼啪啪地拍打着窗户，想要进来。

　　橘子姑娘想了想，终于想到了一个好主意。

橘子姑娘打开窗户，又打开酒桶的盖子，让蕴藏着美好记忆的酒香飘散到了空气里、融进了雨水里。然后橘子姑娘对雨水说："雨滴，雨滴，拜托你们把酒香送到小熊、小鹿、小刺猬和小黄鸭那里，告诉他们，他们的朋友橘子姑娘，很想念他们。带他们来我家！你们的足迹遍布森林，一定能找到他们的，对吗？"

橘子姑娘的话才说完，雨水就带着她的"信函"哗啦哗啦地奔向了森林的四面八方。

小熊、小鹿、小刺猬、小黄鸭闻到葡萄酒的香味，想起了和橘子姑娘一起度过的美好时光，都一路顺着酒香来到了橘子姑娘家。

他们在一起度过了一个非常难忘、非常美妙的下午。

一起喝葡萄酒、吃果酱面包、聊开心的话题。临走时，每人还得到了一份橘子姑娘送他们的礼物：一包花茶、一瓶果酱和一瓶葡萄酒。

这个夏天就在大家的欢笑声中，圆满落幕了。

但是，大家和橘子姑娘的美好友谊才刚刚开始。

前面的花儿后面的菜

文／孙丽萍

老爷爷和老奶奶的三间木屋子前面，有一个小小的花园，种的都是些普通的花儿，月季啦，凤仙啦，鸡冠花啦，还有一开就是一大片的太阳花。

木屋子的后面，有一个小小的菜园，种的也都是些家常的蔬菜。白菜菠菜啦，茄子黄瓜啦，西红柿毛豆角啦，还有黄澄澄的大南瓜。

到了秋天，花儿们还在盛放，瓜果蔬菜们却已经成熟。

起初，花园里的花儿和菜园里的菜们谁也不认识谁，她们在各自的小天地里快乐地生活着。

可是有一天，几颗喇叭花的种子在小木屋旁安了家。她们飞快地发芽、抽枝，藤蔓从屋后绕到屋前，开出一朵朵粉红色的小喇叭花来。

"喂——"月季花最先发现她们，她对着小喇叭花好奇地喊了一声。

"喂——"忽然，喇叭花那头也传来一个陌生的声音。

"你是谁？我是爱臭美的月季花——"愣了一会儿神，月季花这样说道。

"我是有很多名字的小番茄——"喇叭花里马上传来一声回答。

"我是可以染指甲的凤仙花——"凤仙花也探出头来抢了一句。

"我是又脆又甜的大黄瓜——"紧接着，对面又来了一句。

就这样，你一句，我一句，屋前花园里的花儿们，和屋后菜园里的菜们很快就熟识了。

从此，每天一睁开眼，她们就对着小喇叭聊起来了。聊的话题，无非是今天的天气啦，天空飞过几只鸟啦，我又开了几朵花啦，你又被摘下几颗果

啦，等等，等等。后来就有了一些梦想之类比较深刻的话题。秋天过后，冬天就要来了，她们最大的梦想，就是在凋谢之前和被摘下吃掉之前看看远方的风景。

"你们那边有没有什么好玩的？"小白菜问前面的花儿。

好玩的？花儿们一时不知道怎么回答。她们能看见的，除了天空和大地，就是眼前的三间小木屋，哪里有什么好玩的呢？

"我们这里有一条亮闪闪的银河！"鸡冠花朝着小喇叭自豪地说。花儿们听了，都在一旁偷偷地笑。

　　"我们可以过来看看吗？"小白菜好期待。平时，她们只能看见天上零零落落的几颗星。

　　"好啊，不过得等到天黑了，老爷爷老奶奶睡着以后。"鸡冠花爽快地说道。

　　那天晚上，菜们欢欢喜喜地从屋后来到屋前。小白菜和菠菜是一蹦一跳地过来的，西红柿和大南瓜是滚啊

滚地过来的，黄瓜和茄子是翻着跟斗过来的……

那天晚上，菜们和花儿们真的看见了一条亮闪闪的秋天的银河。数也数不清的小星星，像许许多多银色的小鱼儿在游来游去。

她们在银河旁说着说也说不完的话儿。月季挨着小白菜，鸡冠花和西红柿背靠背，凤仙和鸡冠花围着大南瓜，还有一到晚上就犯困的太阳花们，也打起了十分的精神，很热情地招呼着茄子、黄瓜、毛豆角们。

"真对不起……昨天的银河，其实就是一条普通的小河，那些星星，就是河里的水波……"可是，第二天一早，鸡冠花就涨红了脸，告诉了菜们事实的真相。

"没关系，我们在一起度过了多么美好的时光啊。"喇叭花里传来大南瓜憨厚的声音，其他的菜们也纷纷点着头表示赞同。

鸡冠花和周围的花儿们也笑了，她们和菜们约好了，还要一起去看更美更远的风景。

当然啦，那得等到老爷爷和老奶奶出门赶集的时候。

冷空气的故事

文／甜老虎

　　冷空气是一朵含着雨水的云。

　　他的鬓角像河边的雾气，他的眼睛像雾气里的草地。

　　他的心总是很潮湿，他的袖子也总是湿漉漉的。

　　冷空气的耳郭里，曾经被灌进去很多冷冷的风。

　　这些风，穿过冷空气的耳道，钻进他的嗓子眼儿，又呼啸着，闯进他的胸腔，在他淡墨色的肚皮内发出"隆隆""隆隆"的声音。

　　糟了，要下雨了。

冷空气会随时变成雨的呀，随便一小片小白云碰到他，都会落起一小片雨。

可是眼下，真的不适合落雨啊！

在冷空气的身下，远远的，远远的，我说的是垂直距离远远的地上，有个男孩，正推着他的自行车，沮丧地走着。

轮胎瘪瘪的，路并不平，前后都没有什么人家，这是一条偏僻的小路，要是轮胎没有坏，骑在这样的小路上，风景还是蛮美的。

冷空气不想盯着花和男孩看，他越看，他就离男孩越近，他身上的雨就会不偏不倚地落到男孩身上。可是冷空气又止不住要看，不看，怎么能知道自己已经远离了男孩？况且，男孩推着自行车的速度，与冷空气飘在空中几乎是一个速度。

就这样，冷空气看两眼男孩，然后看看天上，看两眼男孩，再看看别的地方，若是有小白云抑或是小乌云迎面飘过来，冷空气就冲他们摆手，只要不相撞，就不会落雨，他们乌云什么的，想必也是喜欢跟看得顺眼的同伴们携手下一场雨的吧！

　　就这样，冷空气一路上拒绝了三朵小白云，其中一朵还蛮漂亮的。冷空气还拒绝了一朵大大的、大大的乌云大人，这朵乌云肚子里的风比冷空气肚子里的还要多，隆隆地，隆隆地，这朵乌云大人似乎很满意自己的肚子，并不着急把自己变成雨落下。于是，冷空气一个灵巧地转身，与乌云大人擦肩而过……

　　即使是这样，这个转身，这个擦肩，还是有一些云朵托不

住的雨点，一丝丝落在了男孩身上。

这点儿雨算不得什么，男孩感到有雨水的时候抬头看了看天上，那么大的乌云后面还跟了一朵乌云，男孩反倒不沮丧了，他推着自行车跑了起来。

男孩越跑越快，自行车在他双臂推动下像是要飞起来。

"嘿哈！"

男孩叫喊起来，一定是奔跑让他兴奋了。

还有刚才的雨水，雨水让男孩感到新鲜。

"雨，再来一些吧！"

冷空气一听来了劲儿，他朝着男孩狂吹，撞到了好几个赶路的小云彩，于是下起噼里啪啦的雨，雨水浇在男孩身上，冷空气感到自己在慢慢变小，他身上的雨水，正在朝地上泻下。

远远的，远远的，一个小红点在路的尽头等着。

她撑着伞。她是来等男孩的吗？

男孩越跑越快，自行车都不要了，丢在路边。

男孩朝女孩狂奔而去，冷空气突然觉得这场雨，下得没意思极了。

冷空气骤然停止，他的两只手，猛推开嬉笑着冲向自己的小伙伴。于是，雨停了，冷空气的身体，也变得软绵绵的。

　　男孩和女孩站在了一起，雨停了。

　　他们在说什么呢?

　　冷空气拖着软绵绵的身体，越飘越低。

　　几乎是半躺着，冷空气手撑着头，停留在男孩女孩不远处那片草地上。

　　男孩们女孩们，都在聊些什么呢?

　　冷空气放下撑着的双手，躺倒在草地上。

　　男孩们和女孩们，一天到晚都在聊什么呢?

　　冷空气揉揉头，他手肘放松，慢慢躺倒在草地上……

德鲁鲁的秘密

文／龚房芳

　　小河狸德鲁鲁正在认真地上建筑课，他们的河狸老师安顿先生把这些细节讲得很全面，从捡树枝，到截短它们，到搭窝，甚至连选地点，安顿老师都讲到了。

　　德鲁鲁仔细地做笔记，身后的科科曼却在板凳上摇来晃去的，还不停地小声说："我才不学呢，我爸爸会给我盖最好的房子。"

　　一下课，德鲁鲁就按老师说的做练习，他把一些小细枝交错叠加，慢慢有了样子。安顿老师说了，房子要建在河边，入口要高出水面，才能防止水灌入家中。安顿老师还说，最好盖房子时有人帮忙，自己当然也能做，但会很不方便的。可我找谁帮忙呢？德鲁鲁悄悄地叹了口气。

"嘿！别练了，回头让你爸爸给你建个漂亮的房子得了。"科科曼过来拍拍德鲁鲁的肩膀："走，到外面玩去，那边有棵树，我们一起去磨磨牙，痛快痛快。"

德鲁鲁摇摇头："我的爸爸太忙了，我要自己学会建房。你去玩吧。"其实德鲁鲁这么勤奋，牙齿才不用磨呢。只有科科曼那样的懒家伙才要特意去磨。

科科曼没有走，他像想起了什么似

的，问德鲁鲁："说真的，我还从来没见过你的家人来接你呢。"德鲁鲁脸红了："哦，他们总是太忙。"

科科曼仍在问："你不会是没有亲人吧？"德鲁鲁的脸更红了："谁说的？这个星期我就让爸爸来接我。"

德鲁鲁说着就跑到传达室去给爸爸打电话，值班的老河狸爷爷热情地招呼他。德鲁鲁飞快地按了一串号码，然后对着话筒说："爸爸，你这星期能来接我吗？我的同学想见你……"

老河狸爷爷不说话，眼睛却盯着德鲁鲁按住电话叉簧的手。德鲁鲁打完电话就沉默地走了。老河狸爷

爷看到德鲁鲁的眼睛里有亮晶晶的泪珠要滑落。

这个孩子为什么要假装打电话呢？老河狸爷爷心里画了个问号。下班后，他找到安顿老师，问清了德鲁鲁的情况，不禁叹了口气。

几乎每天科科曼都在倒计时，他会提醒德鲁鲁和全班同学："快到周末了，德鲁鲁的爸爸会来接他哦。"每当这个时候，德鲁鲁的脸色就变得不好看，他不说话，只是用心地做老师布置的练习。

虽然德鲁鲁不愿意，但周末还是来了。德鲁鲁一直坐在教室里，他知道他的爸爸不会出现，他从小就是孤儿，这是他的秘密，除了老师，没有谁知道。

同学们等不及看德鲁鲁的爸爸，都陆续走了。只有科科曼还在坚持，这让德鲁鲁很着急，科科曼不走，自己就不能一个人灰溜溜地走。德鲁鲁的鼻尖开始出汗了，科科曼还是满不在乎的样子，好像等到天黑也不怕。

天真的就快黑了，德鲁鲁忍不住对科科曼说："走吧，也许我爸爸有事，今天又来不了啦。"科科曼摇摇头，耸耸肩，准备和他一起离开学校了。

"德鲁鲁，回家吧。"有个声音在叫。门外来了一位绅士，他伸出手对德鲁鲁说："走吧，我今天有点儿事来晚了，但总算能来接你了。"在科科曼羡慕的眼神中，德鲁鲁挽着绅士的胳膊走出校门。

他们走出去好远，来到僻静的小河边，绅士摘下眼镜，拿下头上的假发，露出花白的头发和苍老的脸。呀，原来是传达室的老河狸爷爷。德鲁鲁还在惊讶中，老河狸爷爷却挽起了袖子："好了，从这个周末起，我们开始建房子。你看，我选的这个地方你满意吗？"

德鲁鲁不知道说什么好，他只是一个劲儿地点头，也挽起袖子干起活来。从那天开始，德鲁鲁成了设计师和建筑师，他要和老河狸爷爷把房子盖得又宽敞又漂亮。

一回到学校，老河狸爷爷还是个普通的校工，谁也不知道他和德鲁鲁一起盖房子的秘密。德鲁鲁第一次叫他爷爷时，他还哭了呢，因为他是一个孤老头子，从来没有人这么亲热地叫过他。

科科曼不会知道，别的同学也不会知道，谁也不会知道，这是德鲁鲁和老河狸爷爷的秘密，就像那个快建好的新家，是谁也找不到的。

织呀，婆婆！

文／咖啡猫

老婆婆一个人住在山里。秋天到了，天气冷了，老婆婆开始织毛线。

织什么呢？

围巾呀，帽子呀，手套呀，毛衣呀，毛袜呀，什么都织。

老婆婆一个人，还是有一点点寂寞的。要是有个小孙子或者小孙女就好了，可以帮他们织多少衣服呀。

有天早上，老婆婆在门口发现了一堆红彤彤的柿子，旁边摆着几片柿叶。

"请帮我们织条裙子吧，这是您的报酬。"不知怎的，老婆婆看着那几片树叶，就不由自主地大声读了出来，好像她早就认识树的文字似的。

老婆婆抬起头四下看了看，对面的一排柿子树马上摇晃着树叶，行起礼来。

"原来是树精呀！"老婆婆这么感叹了一句，就动手织了起来。

怕冷的柿子树，穿条鲜亮的裙子过冬吧。她织呀，织呀，给每棵柿子树织了一条橘色的毛线裙，缀满花儿和蝴蝶。

不久，老婆婆又在门口发现了一堆脆蹦蹦的榛子，有几颗摆成了奇怪的形状。

"请帮我们织个帘子吧，这是您的报酬。"老婆婆一看到那几颗摆成奇怪形状的榛子，就大声读了出来。

几只抱着大核桃的小松鼠排着队走到老婆婆跟前，把核桃放到老婆婆脚下，向

她弯弯腰，就走了。

"原来是松鼠呀！"老婆婆这么感叹了一声，就开始织了起来。

给怕冷的小松鼠织个彩色的门帘吧。她织呀，织呀，给每只小松鼠都织了一个又软又暖的小帘子，上面还有榛子的图案。

冬天来了，她还在织着。她织呀，织呀，给结冰的小溪织了一条蓝色的丝带，给冻僵的小路织了一条棕色的围巾，给呼呼吹的风织了一个白色的口罩。

有一天，老婆婆在门口发现了一些新鲜的青苔，还有一束束金色、银色和糖果色的丝线，每束丝线只有花生米那么大。

那真的是非常好的丝线呀！这样的丝线，老婆婆只见过一次，那时她还是个小女孩呢，是在一个夏天的清晨，在沾满露珠的草地上见到的，可就在阳光照射过来的那一瞬间，一切就消失得无影无踪。

这是谁送来的酬劳呢？老婆婆猜不出。

不过，到了傍晚，老婆婆就知道了。

在她吃过晚饭，坐在摇椅上，迷迷糊糊快睡着的时候，门口响起了清脆的敲门声。

"咚，咚咚，咚咚咚！"又小又轻。

打开门一看，是一群小小的山精呀！

"全世界最会织毛衣的老婆婆，请问您可以帮我们织一点儿东西吗？"带头的小山精是个可爱的小姑娘，她非常有礼貌地问。

"这是送给您的礼物！"后面的小山精们整齐地说，一个个捧出了各种好东西：珍珠纽扣、琥珀顶针、珊瑚棒针、水晶钩针、宝石蝴蝶结，还有一个个大盘子，上面的蚕丝卷、天鹅绒、兔毛和羊毛线团堆成了小山。

老婆婆怎么能拒绝呢？他们是这么友好可爱的小山精呀！

"请问，我可以帮些什么忙呢？"老婆婆问。

"跟我来！"带头的山精小姑娘领着老婆婆来到森林，走到一棵巨树前，用手杖轻轻敲了三下，树干就变成了透明的门。走进树干，老婆婆就变小了，比山精大不了多少。树干中央是一道螺旋滑梯，小山精们让老婆婆坐在他们中间，然后像开火车一样，一个紧拉着一个，坐成一列，一起朝下滑去。

滑到底就是山精的王国了！到处都是小小的绿房子，房子里一盏一盏亮着的，是夜明珠做的灯。不过，大多数房顶都有些破旧了，用青苔和枯草补了一次又一次。

　　"请您帮我们织些漂亮的屋顶吧！"带头的小山精说。她告诉老婆婆，他们从没见过比老婆婆还会织毛线的人，没见过比她织的还要美的东西。

"要是您能把我们的屋顶织成彩色的就好了，"小山精说，"住进去别提多美呢！"

"没问题！"老婆婆爽快地说。

山精们的房子很小，织一个屋顶花的时间，比织一只手套还要少呢。

老婆婆想要给山精们织出最美丽的屋顶。她一边织，一边唱了起来：

"把金丝银线织进去吧！把柔软的青苔织进去吧！把暖和的毛绒织进去吧！把花草的芬芳织进去吧！把湖水的涟漪织进去吧！把春天和晚霞织进去吧！把彩虹和穿着毛衣的云织进去吧！"

她唱一句，小山精们就跟着唱一句："织呀，婆婆！"他们围在老婆婆身边，唱呀跳呀。他们鼓着圆圆的小脸，瞪大了眼睛看着老婆婆的双手灵巧地翻飞，每织好一点儿，

就激动地欢呼："好棒啊，婆婆！"

山精们小心地照顾着老婆婆，搬来最舒服的天鹅绒椅请她坐，送来玫瑰布丁、栗子蛋糕、百花脆饼、青草甜粥、莓子果酱馅饼等给她吃，还用百合杯子盛了香甜的花露水请她喝。

"真想在这里一直住下去呀！"看着小山精们在她身边活蹦乱跳的样子，老婆婆忍不住想。

织好的屋顶是多么漂亮呀，一个个小尖顶骄傲地耸立在山精们的房子上，尖顶上点缀着一颗颗珍珠纽扣；每个屋顶的颜色各不相同，那种种迷人的色彩，在夜明珠的照耀下，发出柔和而温暖的光。

可这还没完呢！

"织呀，婆婆！"老婆婆自己唱起了山精的歌。她织完屋顶，又织起了墙。毛线织成的花朵，在毛线墙上竞相开放，青青的毛线藤蔓，弯弯曲曲地爬过墙脚，勾出美丽的窗户的形状；糖果色丝线织出的窗帘上，别着宝石蝴蝶结。

可老婆婆还没尽兴呢！

"织呀，婆婆！"老婆婆和山精们一起唱起了歌。

她为每个小山精织了一顶尖尖的小帽，一套精致的毛衣毛裤，配上了小巧的手套、围巾和袜子。

织到再也没有什么可织的时候，老婆婆才停了下来。就算用掉了山精送给她的所有礼物也没关系，她只想做一位快乐的山精婆婆，成天和小山精们热热闹闹地待在一起呀。

"啊，我得回家了，"老婆婆假装说。

"啊，请再留一会儿，帮我们织条小毯子吧！""再帮我们织条花边吧！"小山精们看出了老婆婆的心思，变着花样留着她。

整个冬天，他们最喜欢玩的游戏就是"老婆婆假装要回家，而山精们怎么也不肯让她回去"。一直到了春天，山精们才恋恋不舍地把老婆婆送回了家。

"再来看我呀！"老婆婆说。

"再来玩儿呀！"山精们说。

老婆婆的日子再也没有寂寞过，她常常唱着那支歌——"织呀，婆婆"，织个不停。每到深秋，小山精们就会穿戴整齐地邀请她去山精王国过冬。

毛茸茸合唱团

文/流 火

大家都知道，毛茸茸合唱团一年只开三场演唱会。

柳芽绿的时候开第一场。那时候天空里总飘着细细的雨丝，听众们打着透明的雨伞听歌，每一个音符都带着湿气，调皮地钻到伞下，把你的耳朵打湿。

荷花红的时候开第二场。第二场音乐会总在夜晚的湖边，听众们摇着荧光棒，每一段旋律都闪闪发亮，在夏夜里唱出清亮的晨光。

橘子黄的时候，第三场来了。这一场音乐会开在满是橘子树的坡地上。歌声好像橘子挂满枝头，在人们眼前摇摇晃晃，听众们却都舍不得伸手去摘。让橘子在秋风里再挂一会儿吧，让音乐在秋风里再响一会儿吧，橘子吃完就没有了，歌儿听完了就要等明年了。

要是今年能再多来一场演唱会该多好呀，毛茸茸合唱团的乐迷们都这么想。但他们也都知道那是不可能的，合唱团的 33 位成员是 33 头毛毛熊。再排练一场音乐会，就到冬天了。熊嘛，冬天都在家躺着呢，哪能出来唱歌。

　　可是初雪落下来的时候，乐迷们突然接到了通知，毛茸茸合唱团要办第四场演唱会啦！不过这次并不是现场演出，乐迷们只能通过电台收听合唱团的演唱。歌手们到底都是熊，大冬天让他们出门登台确实太为难了，温暖的电台录音间就好得多。

　　第二场雪下来的时候，大家都守在收音机旁。轻柔的哼唱搭乘电波来到耳边，还是那么熟悉，和听现场又有点儿不一样。歌声就像一朵朵白色的雪花，在空中打着转儿，可这些雪花不像冰雪做的，倒像毛线

织的，落在耳朵里，痒痒的，软软的。大大小小的雪花飞在一起，高高低低的嗓音混在一起，听着暖暖的，果然是适合冬天的曲子呀。

和声慢慢低下去，现在进入独唱部分了，一直沉醉在歌声里的乐迷这才发现，本次演出的曲目，好像都没有歌词。不，也不能说完全没有歌词。仔细分辨的话，还是可以听到一些零碎、简单又重复的字句，比如：呼、嗤、喝、哼、呼噜——噜呼——嗤吃——呜噜露……

这，这些都是呼噜声吧？

没错，毛茸茸合唱团的熊们，这会儿其实已经都在冬眠了，他们裹着睡袋，舒舒服服地躺着，沉睡在梦乡里，用呼噜声为听众送上了又一次美妙的合唱。

真不愧是毛茸茸合唱团呀，打呼噜都能这么好听！

可是他们是怎么做到睡着后还能互相配合，高中低音一丝不乱，起呼收噜柔和又利落的？

这个嘛，是毛茸茸合唱团的秘密，外人是没法知道的。

大家可以知道的是，后来毛茸茸合唱团的演唱会录音里，卖得最好的就是这张冬季呼噜版唱片。

和熊一样也冬眠的动物，都去买它来听，听着听着，醒来就到了春天。

不和熊一样冬眠的动物，也都买它来听，听啊听啊，一直听到春天。

一辆名叫春风的车

文／孙丽萍

我还是迷路了。

房子是陌生的，树木是陌生的，就连那蓝得透亮的天空也是陌生的。

我常常去外婆家，以前总是和爸爸妈妈一起去。但这个春天，我拗着要一个人去。我和妈妈说，去外婆家的路，我闭着眼睛都能找到。从我们的城市坐车，一直坐到月亮镇，再走上一小段路，就是外婆家的小院子啦。

但不幸的是，我在摇摇晃晃的汽车上睡着了。等我醒来的时候，发现已经坐过好几站了。我慌里慌张地下了车，站在风里等待开往月亮镇的车。

可是，很久很久，路上一辆车都没有出现。

早春的风，还是凉飕飕的。我又冷又饿，心里乱得就像有 100 只兔子在蹦。

就在我快要哭出来的时候，我忽然看见，一辆深绿色的车，正远远地驶过来。奇怪的是，它的姿势那么轻盈，好像不是贴着路面行驶的，而是像船一样漂浮着向前的。

"停一下——"眼看它就要直直地开过去了，我用力挥动着双手，急切地喊道。

车在我面前悄无声息地停了下来，车门静静地打开了。

"请问，到月亮镇吗？"我怯生生地问着司机。他穿着宽大的浅绿色风衣，头上还扣着一顶大大的草帽，几乎遮住了大半张脸。

"当然经过啦。"草帽下面飘出一句暖暖的回答。

"太好了。"我抬起脚准备上车。

"不过，春风车只能载乘春天的孩子。"草帽司机紧接着说。

"我叫小春，是春天的孩子吗？"我瞪大眼睛问道。

"是吧。"草帽司机似乎稍稍思考了一下，肯定地答道。

"太好了。"我一只脚踏上车台阶。

"不过，你得背上一句和春风有关的诗。"糟糕的是，他又拦住了我。

春风的诗？这下可把我难住了。平日里，我就记不住这些弯弯绕绕的句子。

"二月春风似剪刀。"正在这时，我听到一个清朗

的声音在我耳边响起。只见一个头戴柳环的少年，大步大步地走来，像小鹿似的跳上了车。

"桃花依旧笑春风。"紧跟在他身后的，是一个发间簪着桃花的女孩。她细声细气地念着诗，很优雅地迈上了车。

"春风吹又生。"女孩的话音刚落，我又听见一个稚气的声音从我身旁冒了出来。那是一个头发像青草的小男孩，他双脚一蹦，稳稳地落在车上。

　　"车就要开了哦。"青草男孩见我呆立在车门旁，回过头来小声地提醒我。

　　就在这一瞬间，一句课堂上学过的诗，忽然像流星似的飞进了我心里。

　　"春风又绿江南岸——"我喊得那么大声，一边喊，一边飞快地闪进车里。

车门在我身后轻轻地关上了。

春风车带着我，带着柳叶少年、桃花女孩，还有青草弟弟，轻盈地行驶在天空之下。那感觉，好像不是坐在一辆车上，而是坐在一朵云或是一只鸟儿的翅膀上。

很快，我发现了一个秘密。我们经过的地方，山变青了，水变绿了，地上钻出了毛茸茸的小草，柳树枝上星星点点地亮起了绿色的芽苞……就像有人很仔细地画着一幅春天的画卷。

我在月亮镇下了车。远远的，我就看见外婆家院子里一树一树的桃花，灿烂如云霞。

"小春一来，桃花就开啦。"外婆笑呵呵地迎了上来，"你是怎么来的？"

"我搭了一辆春风车。"我扑进了外婆的怀抱。

"哦，搭了顺风车呀。"外婆没听清。

我捂着嘴巴咔咔地笑。

我是一个小姑娘，还是……

文／吕丽娜

你相信吗？我能叫出 108 种小草的名字，分得清它们各不相同的叶子，各不相同的花朵，各不相同的清香。

这是因为，我家东边隔壁住着一只友好的小羊。

天气晴朗的日子，友好的小羊常常这样招呼我——

"走吧。跟我去闻一闻紫苏草的香气！"

"快来！金雀草开花了！好大一片呢，美妙极了！"

"阳光这么好，和我一起去蒲公英草地玩怎么样？"

我很喜欢和小羊一起待在田野上。

和小羊在一起的时候，我常觉得自己也变成了一只小羊。

我还是个采浆果大王。

所有那些爱躲起来，和人们玩捉迷藏的浆果——野草莓、蔓越莓、覆盆子……

它们全都逃不过我的眼睛。

这是因为，我家西边隔壁住着一只友好的小熊。

其实小熊才是真正的采浆果大王。

小熊总是戴着一顶缀着小铃铛的帽子。当他跑来跑去寻找浆果时，帽子上的小铃铛就会叮叮当当响。

我常常觉得，那叮叮当当声仿佛是有魔力的，那声音仿佛在说："出来吧，快出来呀，可爱的小浆果们！"

然后呢，那些红的、黄的、紫的浆果，就争先恐后地跑了出来……

浆果最多的时候，我整天整天地和小熊待在一起。

和小熊在一起的时候，我常觉得自己也变成了一只小熊。

我也同样擅长采集各种硬壳果，核桃呀，榛子呀，栗子呀，对啦，还有蘑菇。矮矮胖胖的白蘑菇，长着细长腿的青腿蘑菇，小小的、黄色的榛树蘑菇……

　　这是因为，我家屋后的大树上住着一只友好的松鼠。

　　他教给我怎样从一大堆硬壳果中挑出那些坏掉的果子，怎样分辨哪些蘑菇可以吃，哪些不可以吃，怎样把那些湿乎乎的蘑菇挂在树枝上晾干，让它们变成美味又好保存的干蘑菇。

整个秋天里，我和松鼠整日里都忙忙碌碌。和松鼠在一起，我常觉得自己也变成了一只小松鼠。

　　我很会辨别方向，不管是在晴天还是阴天，不管是在城市还是村庄。就算在黑漆漆的夜晚，就算在茂密的大森林里也永远不会迷路。

　　这是因为，我家对面的小木屋里住着一只友好的小狐。

　　热心肠的小狐，为了让我更好地记住辨别方向的方法，把自己所有判断方向的秘诀都写在了一张纸上，足足有 20 条！

"不过有一半是骗人的哦。"小狐笑嘻嘻地告诉我，"因为我是狐狸，狐狸总要狡猾一点儿呀。"

其实小狐非常善良，那张纸上所有骗人的秘诀旁边，都用铅笔画了个小小的叉。

和小狐在一起总是很有趣。和小狐一起待在森林里，我常觉得自己也变成了一只小狐。

我还是一位编织高手。只要给我一些柔软的草茎，我就能很快编出可爱的小草鞋、草垫子、草篮子……

这是因为，我家门前的灌木丛里住着一对友好的织布鸟。

织布鸟真的是一种有趣的小鸟，他们编织的巢儿多么精巧啊，简直漂亮极了！

不过呢，他们有一点儿骄傲。

"瞧啊，这里不对，还有这里，这里！"他们常常围着我编织的东西飞来飞去，指指点点，"哎呀呀，我们的那些小雏鸟都会做得比你好！"

我真喜欢这些可爱的小鸟做我的邻居。和他们在一起，我常觉得自己也变成了一只小鸟。

我是一个小姑娘。

我听说，世界上有多少朵花儿，就有多少个小姑娘。

我听说，每个小姑娘都有不同的本领。有的擅长跳舞，有的擅长算术，有的擅长弹琴，有的擅长画画……

我一直相信，在所有的小姑娘里，我是最幸运的一个，本领也最多。我的日子过得最开心，最有趣。

这都是因为我有那么多可爱的、有趣的、善良的好邻居。

小熊给小熊的快递

文／解旭华

　　雪花大片大片落下来的时候，小熊开始了他第一次的冬眠。

　　"呼呼呼——"冬天的北风在小熊的树洞外面使劲地吹，小熊不想睡，小熊还想玩，可是冬天，白茫茫的冬天，安静的冬天，没有人的冬天，小熊迷迷糊糊地睡着了。

　　"啪嗒"，有个东西掉在了小熊身上，在小熊厚厚的毛毛上砸出一个软软的洞。

　　"哎哟！"小熊被惊醒了。"谁？是谁？你是妈妈派来检查我有没有睡着的小怪兽吗？"

　　掉下来的是一只冻僵的小灰兔，她已经被冻成冰坨坨了，冻成冰坨坨的小灰兔没有办法回答小熊，因

为她的嘴巴也被冻住了。

树洞里黑乎乎，小熊什么也看不见，得不到回答，一会儿，小熊又睡着了。

小灰兔在小熊温暖的毛毛里融化了，她动了动长耳朵，动了动眼睛，动了动鼻子，动了动四条腿，四条腿一旦能动了，小灰兔马上跑出了树洞。

树洞里太黑了，小灰兔看不清洞里是谁。万一是一只熊呢？

不管怎样，洞里这头毛茸茸的动物救了她一命。小灰兔记住了这个树洞，就叫它"朋友的树洞"。

小灰兔老来，有时候往洞里丢一两根新找到的萝卜，有时候丢一两个刚扒出来的土豆。

小熊突然饿醒的时候就吃掉了萝卜和土豆。

小灰兔再来的时候，很高兴地发现萝卜和土豆不见了。不过，小灰兔又担心是小田鼠给偷吃了。

"我保证没有偷吃，我家的粮食多着呢！"小田鼠拍着圆滚滚的肚子跟小灰兔保证。

听说这个树洞里的朋友救过自己的朋友小灰兔，为了表示感谢，小田鼠也时不时地往洞里丢几颗花生。她把这个树洞叫作"朋友的朋友的树洞"。

小松鼠胆大，她说要替小灰兔和小田鼠去看一看，住在洞里的朋友是什么样。小松鼠跳进树洞，"扑

通"她也落在小熊毛茸茸的背上。小熊没有说"哎哟"，而是说："呼噜呼噜。"

小松鼠爬上来的时候，小灰兔和小田鼠赶紧迎上来。

小松鼠挠挠头，说："黑洞洞的，啥也看不清，但是咱们的朋友家里有张好大的沙发，摔在上面一点儿也不疼。还有，他一定是冬眠的，因为不管我怎么说，他只说一句话：'呼噜呼噜'。"

从此，天冷得受不了的时候，小灰兔、小田鼠、小松鼠就来树洞里的"大沙发"坐坐，那里又温暖又开心。

春天到了，小熊醒来了，他睁开眼睛一看，只有自己孤孤单单一个人。小熊摸摸自己的胸口，心里感觉好温暖。小熊有种奇怪的感觉，整个漫长的冬天，好像一直有人在陪伴他。小熊决定出门去找朋友。

小熊撞见一只小灰兔。虽然不认识，但是看到她，心里就觉得好温暖。

"嘿，你好，小兔子。"

"你好，从没见过的小熊。"

"你愿意和我做朋友吗？"

"好啊，好啊。不过，我现在要给一位朋友准备礼物，没有时间跟你玩。"

小灰兔匆匆忙忙从小熊身边跑掉了。

夏天来到的时候，小熊长大了一点点，都能在河边抓鱼吃了。他在河边遇到了一只小田鼠，虽然从没见过，但是一看到她，心里就觉得好温暖。

"嘿，你好，小田鼠。"

"你好，从没见过的小熊。"

"你愿意和我做朋友吗？"

"好啊，好啊。不过，我现在要给一位朋友准备礼物，没有时间跟你玩。"

小田鼠匆匆忙忙地从小熊身边跑掉了。

秋天，小熊已经是一只胖嘟嘟的小熊了。现在，他都能爬到树上摘榛子吃了。

"再吃一粒，就饱了。"小熊把手伸向榛子。

"对不起，这个不能给你，我要送给我的好朋友。"不知从哪里蹿出一只小松鼠抢先把榛子摘走了。

秋天快结束的时候，小灰兔准备了满满一袋萝卜，小田鼠准备了满满一袋花生，小松鼠准备了满满一袋榛子。她们知道树洞里的那个朋友又该冬眠了，要把这些礼物送给他。

可是这么多东西，小动物们背不动啊，怎么送到朋友家呢？

"嘿，我来帮忙吧，我也想和你们的那位朋友交朋友。"小熊跳出来说，"我来当快递员吧。"

"太好了，谢谢你，你真是一只好心的小熊！我们喜欢跟你做朋友。"大家说。

小灰兔给了小熊一张地图，图上弯弯曲曲一直画到一个树洞，那就是目的地。

小熊按照地图走啊走，一排树，两排树，三排树，啊！终于找到了。"咦？这不就是我自己的树洞吗？"

啊，原来我有这么多朋友啊！小熊打了个大大的呵欠，冬眠的时间快到了。小熊赶紧写了张字条：

从去年开始，我们就是朋友了。

——小熊

今年朋友们再来，就会看到了。

小狐狸想当摄影师

文／流 火

　　小狐狸小西想当个摄影师，他从柜子里找出爸爸妈妈买回来很久，却也很久没用过的相机。

　　小西来到客厅，想给沙发上的爸爸拍照。狐狸爸爸说："好小西，去拍别的吧，我在听音乐呢。"说完他就戴上耳机，闭上眼睛继续听音乐。

　　小西不甘心，他还是举起相机，在爸爸身后拍了一张。

　　小西来到书房，想给电脑桌前的妈妈拍照。"乖小西，去拍别的吧，"狐狸妈妈头也不抬地说，"我在写故事呢。"说完，她就接着噼里啪啦打字去了。

　　小西拿着相机在妈妈旁边站了好一会儿，还是拍了一张才离开。

小西跑到卫生间，想给洗衣机边的外婆拍照。"小西宝宝拍别的去吧，今天天气这么好，外婆有好多东西要洗要晒。"外婆一边说一边转身走开。

小西追去院子里，在晒窗帘的外婆身后拍了一张。

小西想了想，走到卧室里狐狸妹妹的小床边，她正呼呼大睡。"我来给你拍点儿照片吧。"小西轻声对她说。

"咔嚓"相机一响，小妹妹就扁扁嘴，好像要被吵醒了。哎呀，这可不行，狐狸妹妹一醒来就会大哭的。小西赶紧停手，静静地在小床边站了好一会儿才溜走。

虽然大家都不配合，小西还是拍了好些照片，他把照片冲印出来，准备开个摄影展，邀请大家来参观。

摄影展的地址小西早就选好了，展厅就在厨房，那儿光线明亮，还有适合当展板的米白色冰箱。小西把照片整整齐齐地贴在冰箱门上，参展的照片一共有十二张，分三排贴正好。

第一张照片上有半个脑袋和一副耳机。

"这张是拍的爸爸吧？"狐狸妈妈问。

小西点点头，又摇摇头，说："我拍的是'音乐'。"

"没错，"狐狸爸爸高兴地说，"小西拍的就是'音乐'，而且是我最喜欢的无伴奏大提琴曲！只有听它的时候，我的耳朵才会竖得这么高。"

　　狐狸爸爸这么一说，大家都觉得这张照片叫"音乐"真好。

　　第二张照片上有大半个键盘和两只爪子。

　　"这是你妈妈的爪子。"狐狸爸爸一下就认出来了。

　　"对的，"小西点点头，然后补充说，"这张照片叫'故事'。"

　　"我想想啊，"狐狸妈妈仔细研究了自己爪子在键盘上的位置，"哈，的确是'故事'，是关于幸运饼干的那个故事！这个故事说的是，从前……"

　　"噢，我们还是先看照片吧，回头你再给大家讲这个故事。"狐狸爸爸偷偷拉了拉一提到她的故事就兴奋的狐狸妈妈，她这才回过神来，改口让大家继续看照片。

　　第三张照片大部分地方都是黑黑的，大家看半天也没看出来拍的是什么。小西说他拍的是"晴天"，外婆才发现那黑黑的是她的影子。

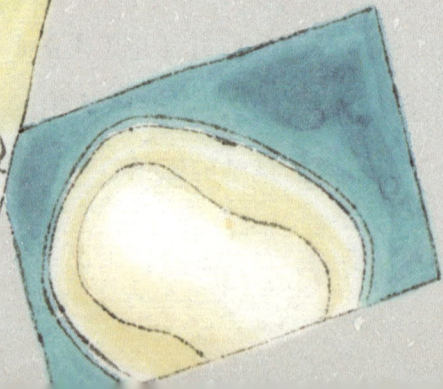

"我想起来了，"外婆说，"那天太阳特别好，我洗了好多好多东西。"外婆建议小西把"晴天"改成"大晴天"，说那样才更准确。

　　第四张照片叫"美梦"，照片上有狐狸妹妹的下巴和她湿乎乎的枕头。

　　接着，小西挨个儿给大家介绍下边的几张照片。

　　第五张照片叫"扑通"，第六张是"咕嘟"，第七和第八是"哎呀呀"和"呜呜呜"。

　　第九到第十二张则分别叫"冰冰凉""滑溜溜""糯又甜""响又臭"。

　　知道小西给它们起的名字后，没去参观摄影展的你，能猜到这些照片都是什么样子的吗？

让我带你回家

文/流 火

出了校门往左拐，走到第三个小花坛往右拐，穿过一条细长的小巷再往左拐，出了巷口绕过甜品店往右拐……我熟门熟路地走在放学回家的路上。

快了，向前一直走，就是我的家！我不由得小声哼起了刚学会不久的歌。

"喵——"这时，我忽然听到脚边传来一声细声细气的猫叫。

紧接着，我发现一只毛茸茸的猫爪放在了我脚上。

那是一只可爱的白猫，身穿天蓝色的小衫，头上戴着一枚小小的粉红蝴蝶结。哦，这一定是谁家的宠物猫吧。

"喵——"小猫又轻轻叫了一声，一双绿宝石般的眼睛楚楚可怜地望着我。

我有点儿好奇，缓缓地把脚从它的猫爪下抽了出来，然后蹲了下去。

"喵——我迷路了，请你带我回家好吗？"我还没有蹲稳，就听见小猫用小女孩般的声音向我求助，我惊讶得差点儿一屁股坐在地上。

"你住在哪里？"我定了定神，好不容易吐出一句话。

"我住在我和妈妈的家里。"小猫不假思索地答道。

"我是说，你家的地址在哪里？"我深吸了口气，耐心地问它。

"我家旁边开着很多白色的栀子花。"小猫歪着脑袋想了一会

儿，很认真地回答我，"一到夏天，就很香很香。"

我望着小猫清澈的眼睛，不知道说什么才好。其实，我也是个挺迷糊的人，总是分不清东、南、西、北，只知道前、后、左、右，所以，如果你问我我家的门是朝哪个方向开的，一时半会儿我也回答不出来呢。

而现在，迷糊的我，遇见了一只更加迷糊的小猫。我长长地叹了口气。

"你不愿带我回家吗？"小猫的声音一下子变得可怜兮兮的。

"我，我……不认识路。"我无奈地垂下眼睛。

"对啦，"小猫像是想起什么似的，爪子在它的蓝色小衫口袋里掏啊掏的，"我这里有地图，妈妈说，不认识路的时候就看一看。可是，我连地图都看不懂……"

地图？我的心"咯噔"一下。对我来说，无论是城市地图、中国地图还是世界地图，都像是一幅云里雾里的天书呀！

在小猫充满信任的目光里，我涨红了脸，接过它递给我的地图。

咦？它和我平时看到的不一样。上面画着一些彩色的图案，有摩天轮，有苹果，有蛋糕，有郁郁葱葱的大树，有蓝色的小水滴，还有男孩和女孩的脸……在这些图案中间，很醒目地画着一朵开放的栀子花。

"啊，我明白了。"我轻轻地拍了一下小猫的脑袋。"栀子花代表你的家，摩天轮是儿童乐园，苹果是水果店，大树是公园，小水滴是池塘，男孩和女孩的脸嘛，是我们的学校……"

"那这个蛋糕呢？"小猫指了指地图。

"当然就是它啦。"我指了指我们身旁的甜品店，"来，让我带你回家。"

有了猫妈妈画的地图，我们很快就找到了栀子花

盛开的地方。

"以后要学会看地图哦!"望着小猫一蹦一跳回家的背影,我大声地说道。

小猫转过身来,一边挥着它的猫爪子,一边郑重地向我点了点头。

以后,我也要学会看那些天书似的地图,这样,无论走到哪里,我也不会像小猫一样迷路啦。这么想着,我又小声哼起了歌,大步大步地朝着家的方向走去。

大海里的小小鱼

文／钟 锐

美丽迷人的大海边，生活着许多漂亮的小鱼。大鱼游来了，有危险了，他们就急忙逃走，或者躲起来。

那条最小的小小鱼逃得最快。"嗖"的一下，就钻进水草中不见了。可他还是很害怕，小小的身体像水草一样抖动着。

"喂，你别怕！那些大鱼看不见我们的。"旁边的一条小鱼对他说道。

小小鱼呢，反而吓得钻到珊瑚礁里去了。是啊，他就是这样胆小。他好怕自己被别的鱼吃掉！

可是，小小鱼一天天地长大了。水草和珊瑚礁藏不住他了。他找了一个石洞躲了起来。

没过多久，这个石洞也小了。有一次，他差点儿

卡在里面出不来。多亏一位好心的螃蟹大哥把他拉出来！

"你快去前面吧，前面有许多很大的洞穴。"螃蟹大哥举着一对大螯说。

小小鱼急忙往更深一些的地方游去。

运气真好！很快他就找到了一个很棒的洞穴——洞口刚好够他钻进去，里面好大好大，就算一万条鱼一起住在里面也不会觉得拥挤。

"太好啦！我的这个新家真是又安全又宽敞！"小小鱼就在这里住了下来。无聊了哼哼歌儿，困了小睡一会儿，饿了就吃一些水草什么的。

时间过得好快啊，小小鱼也长得好快啊！似乎只过了一个晚上，小小鱼就长得好大好大了。大得这个

洞穴都快要装不下他了！小小鱼再也不能像以前那样翻身了，像以前那样自由自在地游来游去了。甚至，他快要喘不过气来了。

"我要快点儿离开这里。不然，我会没命的。"小小鱼拼命地挣扎着，咬着，撞击着。

咯咯咯！砰砰砰！又尖又硬的石头弄伤了他的嘴巴和鳞片。好疼啊！血流了出来。他终于撞开大石头，从那个洞穴里逃了出来。

新鲜的海水"嗖嗖"地流进他的嘴里，又从他的腮里流出来。这是一种多么奇妙多么美好的感觉啊！他激动得只想唱歌。

他马上冷静了下来。他只想快点儿找个安全的、大一些的洞穴躲起来。

　　就在这时，四周突然响起一阵阵尖叫和赞叹声：

　　"哇，他好大啊！好强壮啊！"

　　"天哪，他简直是我见过的最大的鱼！"

　　"我想没有鱼敢欺负他……"

　　他看见在四周的水草里、珊瑚礁里，正有无数的鱼儿瞪着圆鼓鼓的眼睛，向他投来又敬畏又羡慕的目光。

　　小小鱼——不，现在我们该叫他大大鱼啦！骄傲自豪的心情，顿时像海水一样在他心里荡漾起来。他全身的鳞片开始闪动着炫目迷人的光芒。此外，还有几颗幸福的泪水，涩涩地涌进了他的眼眶。然后，他带着自信的笑容，摆动着巨大的身躯，缓缓地，缓缓地，向大海最深的地方游去了。

猫的列车

文 / 两色风景

"走啦走啦，该回家了喵。"

可咪把我拖上了它的车。

我不高兴。这只猫穿起衣服，开起火车，就把自己当大人物啦，我这个主人倒像是小孩子了。

哎，再见了，我的棉花谷。

我好喜欢棉花谷啊。那里的一切都是软软的，软软的，软软的石头，软软的风。让人一点儿力气都没有，摔倒了就干脆睡一觉。

棉花谷没有白天。没有刺眼的阳光，没有闹哄哄的喧嚣，没有挤挤挨挨的人群……那里总是安安静静的夜晚，太迷人了。

但是可咪忽然就来了，不由分说就把我带走了。

还是我拿手就能抱起来的可咪比较好。

我生可咪的气。本来有很多话想问的，比如：你哪儿弄的这一身？你怎么学会开车啦？你有驾照吗？——都不问了。

我找了一个最暗的角落，抱着脚缩起来，幻想这样一来，我就又回到棉花谷了。

“喵！”

汽笛发出一声嘹亮的猫叫，把我吓了一跳。“干什么呀？”我抗议。

“注意窗外喵！”

车上的窗户一下全都打开了，葱郁的风灌满了车厢，给地板、墙壁、天花板都涂上一层油油的绿彩。

风像是一双手，温柔地牵住我的视线。

哦，是春天。

积雪融成小溪，枯枝长出花芽，鸟儿婉转地鸣唱，暖阳荡涤山野。

我的心情又好起来了。春天，不错呀。

“春天不错，就不要老躲在冬天里了喵。”可咪舔舔爪子说，“晒太阳不错，就不要老缩在黑黑的地方发霉了喵。”

“哼。”我故意把嘴一噘。

但我现在想跟可咪聊聊天了。

“这是什么车啊？”

"梦的列车喵。"

"我们要开去哪里啊？"

"明天喵。"

真是答非所问。

果然猫这种生物，很难理解。

还没养猫前，我对它们的好奇不过是"猫真有九条命吗""它们会怎么使用这些命呢"，养了才发现，它们让人搞不懂的地方可比九条命更多！

现在又多一样了。

车说停就停了。

"到了喵。"

门开了，空气里飘着清雅的花香，小路上铺满阳光的金箔。

"你该下车了喵。"可咪说。

"你不下车吗？"我问。

"行李记得带走喵。"

行李？我发现自己手边不知何时多了个小皮箱，看起来很轻，却又沉甸甸的。

"里面是什么？"

"回忆喵。"

我莫名其妙地下了车，要踏上地面时，不知为何脚有些发抖，回头看看可咪，它的脸上挂着鼓励的笑，我终于安心地踩了下去。

像踩进了光里。

"醒了醒了……"

我眨眨滞涩的眼睛，看到欣喜若狂的爸爸妈妈。我穿着白蓝相间的睡衣，床边有机器连接着身体。

我好像明白了什么，又好像不明白。

可咪在我的手掌下，枕边还有一截小火车，仔细看看，这个房间里有不少从小陪伴我的东西。

"医生说让你摸摸它们，也许能刺激你醒来。"妈妈擦着眼泪，"今天我们把可咪也带来了，结果你还真醒了……以前你要收养它，妈还不让呢……"

我似懂非懂地点点头，摸摸可咪比棉花更柔软的毛。

它睡得好沉呀，这懒虫。

我想打个滚

文/流 火

小犀牛对爸爸说："爸爸爸爸，我想打个滚。"

"打滚好呀，"犀牛爸爸说，"我带你去个好地方。"

犀牛爸爸带小犀牛到一个泥塘边。

这个泥塘可真好，不大也不小，不深也不浅，刚好够小犀牛和爸爸一起在里边打滚。湿湿软软的泥巴糊在身上好舒服，小犀牛有点儿痒痒的背和肚子都不痒了，他快活地和爸爸一起在泥巴里打了一个滚，又一个滚，好多好多个滚。

小毛毛虫对妈妈说："妈妈妈妈，我想打个滚。"

"打滚好呀，"毛毛虫妈妈说，"我带你去个好地方。"

毛毛虫妈妈带着小毛毛虫来到一个大大的花园

里，她认真挑选了好一会儿，才指着一朵粉粉的蔷薇花对小毛毛虫说："去吧。"

这朵花可真好，花瓣不大也不小，不高也不矮，正好把小毛毛虫护在中间，滚起来又舒服又安全。小毛毛虫快活地在软软的花瓣中间滚来滚去，滚得浑身香喷喷。

小刺猬对爸爸说："爸爸爸爸，我想打个滚。"

"打滚好呀，"刺猬爸爸说，"我带你去个好地方。"

刺猬爸爸和小刺猬来到了树林里。树林里的树可真多，刺猬爸爸带小刺猬在高高的枣树底下停住了。

"就在这棵树底下滚吧。"刺猬爸爸说。

这棵树有什么特别好的吗？小刺猬没看出来，但他还是缩起身子滚了起来，反正打滚本身已经够好玩了！

小刺猬滚了好久好久，等他终于滚够了停下来，发现自己的背上扎了三个红红的大枣子。太棒啦，小刺猬把枣子带回家洗洗干净，一个给爸爸，一个给妈妈，一个自己吃。

小海龟对妈妈说："妈妈妈妈，我想打个滚。"

"打滚好呀，"海龟妈妈说，"我带你去个好地方。"

海龟妈妈带着小海龟来到了一片金色的沙滩。

这片沙滩可真好，沙子又细又软，还有点儿坡度，小海龟把头和手脚缩进壳里，轻轻一用力，就骨碌碌地滚了起来。小海龟从暖暖的沙滩滚到清凉的海水里，真舒服啊，他又从水里游回沙滩，再滚一次，再滚很多次。

毛毛对爸爸说："爸爸爸爸，我想打个滚。"

"打滚好呀……"毛毛爸爸还没说完，毛毛立刻在小床上滚起来。

"等等，"爸爸一把接住差点儿滚到地上的毛毛，说，"这里太窄了，我带你找个好地方。"

爸爸带毛毛来到客厅，领着毛毛把茶几和椅子都移到墙边，沙发前就空出来一块好大的空地。爸爸又拿来一块毯子，往地上一铺。

"好了，"爸爸说，"快去打滚吧。"

这果然是个好地方，滚起来比小床上爽快多了。毛毛左边滚滚，右边滚滚，看得爸爸也想打滚了。

　　爸爸和毛毛一块儿在地上滚了起来，除了左滚和右滚，爸爸还会前滚翻和后滚翻，太厉害了。毛毛缠着爸爸教他，他学了好久，终于学会了前滚翻，后滚翻怎么也没成功。滚累了的毛毛趴在地板上，抱着毯子睡着了，梦里还在滚来滚去。